中国夜景

张 渝/主编

中国电力出版社
CHINA ELECTRIC POWER PRESS

中国
夜景

图书在版编目（CIP）数据

中国夜景 / 张渝主编. —北京 ：中国电力出版社，
2021.5
ISBN 978-7-5198-5364-8

Ⅰ．①中… Ⅱ．①张… Ⅲ．①电力工业—工业发展—
研究—中国 Ⅳ．①F426.61

中国版本图书馆CIP数据核字(2021)第032374号

主 编：张渝

参 编：李俊 王梓 王倩 支慧 李师然 于音

出版发行：中国电力出版社
地　　址：北京市东城区北京站西街 19 号（邮政编码 100005）
网　　址：http://www.cepp.sgcc.com.cn
责任编辑：曹巍（010-63412609）
责任校对：黄蓓 李楠 郝军燕
装帧设计：张俊霞
责任印制：杨晓东

印　　刷：北京雅昌艺术印刷有限公司
版　　次：2021年5月第一版
印　　次：2021年5月北京第一次印刷
开　　本：710毫米×1000毫米 6 开本
印　　张：35
字　　数：420千字
定　　价：298.00元

中国夜景

美丽之约

夜景，并非单纯意义上的视觉概念，而是具有丰富内涵的政治、经济、社会、人文观察样本。基于此，对于夜景所产生的认知、评价和感悟，也因时、因地、因人大为不同。

我生长于长江边上一座依山傍水的城市。这座城市的夜景负有盛名，这些年更因影视拍摄和网络传播的推动，加持了想象无限的魔幻色彩。不过，岁数稍大些的人，应该对这座城市缺电的既往有抹不去的记忆。尤其在改革开放初期，由于长时间受困于电力紧缺的沼泽，"停三供四"一度成为此地老幼熟知的词汇，也是经济社会发展挥之不去的桎梏和硬伤。尽管城市立体，建筑别样，但亮不起来的夜晚，与夜景的美丽是没有多少关联的。

城市尚且无法摆脱尴尬，无电或缺电的村镇，自然也与景观意义上的夜景无缘。1994年春夏，我供职的媒体组织了一次全国范围内的"农电老少边区纪行"采访活动，意在客观、真实地反映无电地区的生产、生活情况，助力"电力扶贫共富工程"。多年以后，亲见亲历依然难忘。在贵州麻山，少数民族聚居区的20多个乡镇中，全年缺粮3个月以上的农户占20.4%，80%以上的农户住在茅草房、窝棚甚至山洞，过着"油灯粪火"和"日出而作、日落而息"的生活。在三峡库区大宁河畔巫溪县的偏僻村庄，一个衣衫褴褛的13岁男孩在回答"上没上过学，见过电视机没有"的提问时，不解地反问："电视机是啥东西？"在陕南，一位70多岁的老大爷听说村里要集资办电了，坚决卖掉了自己早已备下的棺材，愿望是"能活着看见灯泡，死了也能闭上眼！"资料证实，截至1994年底，全国仍有28个县的1453个乡、63120个村、1.2亿农村人口没有用上电，无电人口主要集中在内蒙古东部、陕甘宁、豫东皖西、贵州、滇桂、四川、青海、西藏、新疆等老少边穷地区。温饱尚欠，小康还远，对于无电的人们，星空山野呈现的夜景虽原汁原味，却充满了苦涩。

城与乡，情与景，欲领略美起来的城乡夜景，亮起来是前提。新中国成立以来，党和政府为发展经济、强大国力、改善民生作出了巨大的努力。作为关系国计民生的基础行业和公用事业，电力工业尽职尽责地充当着"先行官"角色，为经济发展、社会进步和人民物质文化生活水平提升提供动力和支撑。尤其是改革开放以来，电力工业超前谋划，加大投入，突飞猛进，其发展速度、装机容量、"获得电力"服务水平、科技创新能力等关键指标，均跃居世界前列，具备了让华夏大地亮起来、美起来的足够实力，也让中国成为电力大国和电力强国。

在当今中国的城市、村镇，在大地与天空之间，强大的电流如血脉般让固定的物体鲜活起来，灵动起来，绽放的创意、独特的设计、有序的开发建设，将迷人的夜景尽情呈现。

记录和反映电力在改革发展征程中的先行、引领和支撑作用的素材，角度众多，内容丰富，史料齐全。选择以夜景为切入点、以图片为主角诠释这一重大题材，直观且富含韵味，亲和又不失庄重大气，符合从瞬间见证历史、以局部纵览全局的初衷。

　　《中国夜景》摄影画册，是国内首套关于夜景的大型系列丛书——《中国夜景丛书》的领衔之作。《中国夜景》所征集和收录的大多数作品，出自全国电力行业一线员工之手。作为非专业摄影者，这些作品的艺术价值和技术含量或许不足，但电力人拍摄与电力密不可分的夜景，充溢着不会枯竭的情感，体现着异于他人的独特视角。从这个意义上，我们宁可接受作品在专业和技术上的缺憾，也愿意共享其中满满的真诚。

　　电力之美，美在看似无形，却以强大能量持续催生和完美呈现自然山水与城乡建筑的无限和谐。

　　夜景之美，美在光与影的相约不断碰撞出日新月异的璀璨，将人文、科技与美学的美美与共演绎至极。

　　这样的美，美得淳厚浓烈，美得祥和安宁，美得不能不感恩当下，美得更让人对未来期许无限。

　　这样的美，意味着智慧，意味着能量，意味着付出与收获的对接，意味着生命力的强大和茁壮。

　　这样的美，映入眼帘，沁入心底，让记忆镌刻于永久，值得所有人为了创造更多的美景全力以赴。

2021年3月

目录

第一章

01　电"靓"神州，城市如此多娇

第二章

101　电"联"阡陌，乡镇分外妖娆

第三章

135　电"助"经济，赋能美丽中国

第四章

165　电"添"精彩，寄情人间烟火

中国
夜景

"缛彩遥分地，繁光远缀天。接汉疑星落，依楼似月悬。"

位于亚洲东部、太平洋西岸的中国，是地球上一颗最光彩夺目的明珠。北起漠河附近，南到南沙群岛，西起帕米尔高原，东至黑龙江、乌苏里江汇合处的神州大地，汇集了人类文明史上数不胜数的瑰丽宝藏。而星火燎原般不断成长的城市和强大起来的城市群，更是当今中国站起来、富起来、强起来的最好象征。

改革开放以来，中国的城市化建设速度惊人，城市数量与日俱增，令世界称奇。根据2014年11月国务院发布的《关于调整城市规模划分标准的通知》，基于《中国统计年鉴 2020》数据的测算，截至2019年年底，全国地级及以上城市数量297个，其中，超大城市6个，特大城市10个，大城市230个。2014年，京津冀协同发展战略的提出，为探索完善城市群布局和形态、优化开发区域发展指明新道路；2016年，《成渝城市群发展规划》着手构建西部大开发重要平台，打造长江经济带战略支撑点。

强力稳定的电力是城市发展的重要支撑。与改革开放同步，城市电网建设日新月异。2019年，全国电网工程建设投资完成4856亿元，全国主要城市网架结构得到极大优化和提升，基本形成清洁低碳、安全可靠、互联互通、高效互动、智能开放的城市电网体系。2019年，全国全社会用电量已高达7.2万亿千瓦时，位居世界第一，是改革开放之初1978年的28.8倍。

无论是传统地标建筑的升级换代，还是新型创意设计的异军突起；无论是冰雪北国，还是大漠边疆；无论是鸿篇巨制，还是画龙点睛……每当夜幕低垂，皓月当空，大城小市在强大电流的驾驭下百态千姿，绽放着与阳光下截然不同的风采，记录着新中国坚实的前进步伐，寄托着人们对美好时代的向往，对国泰民安的祈愿。

第一章

城市如此多娇

电『靓』神州

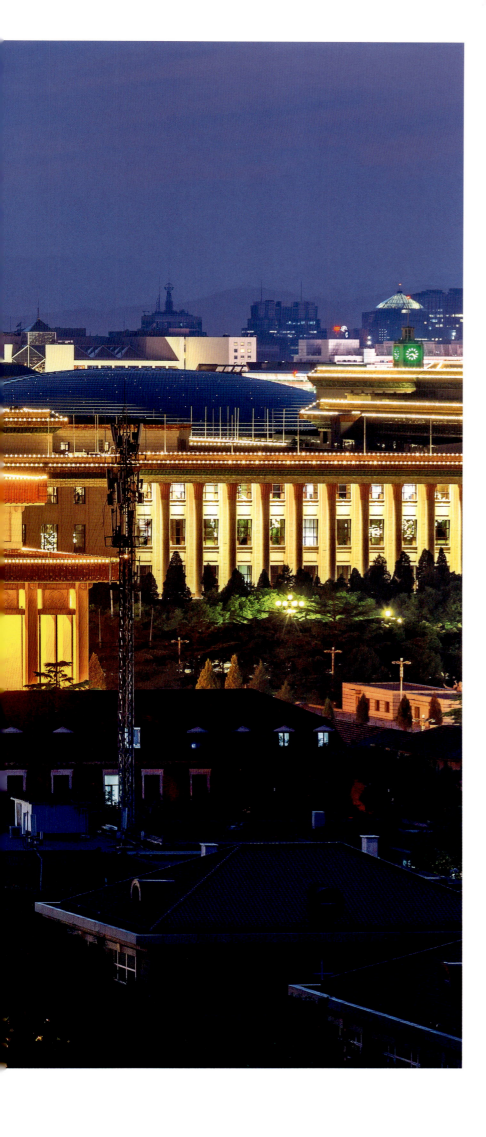

北京

有着3000多年建城历史、800多年建都历史的北京城，遵循着《考工记·匠人营国》的建城规则："方九里，旁三门，左祖右社，前朝后市……"白天，走在大街小巷，历史总会扑面而来，让人领略政治与文化中心的庄严肃穆。夜晚，国际化大都市现代、开放、包容的一面也昭然若揭。如果说白天的北京，载着浓浓的记忆，有着古建筑写下的过往；那夜晚的北京，则在现代建筑交织的城市夜景中尽显繁华与喧嚣。

　　银河SOHO建筑群，这座伊拉克裔英国女建筑师扎哈·哈迪德的代表作品，充满着未来感。人们惊叹于建筑师夸张大胆的创意，也常将其惯用的曲面造型视为"上帝的曲线"，将这里称为"最美科幻夜景"。夜晚，远远眺望，这片由灯光勾勒出的"流动银河"，常会令人有种错觉：是我们穿越至未来，还是未来已来到我们面前？

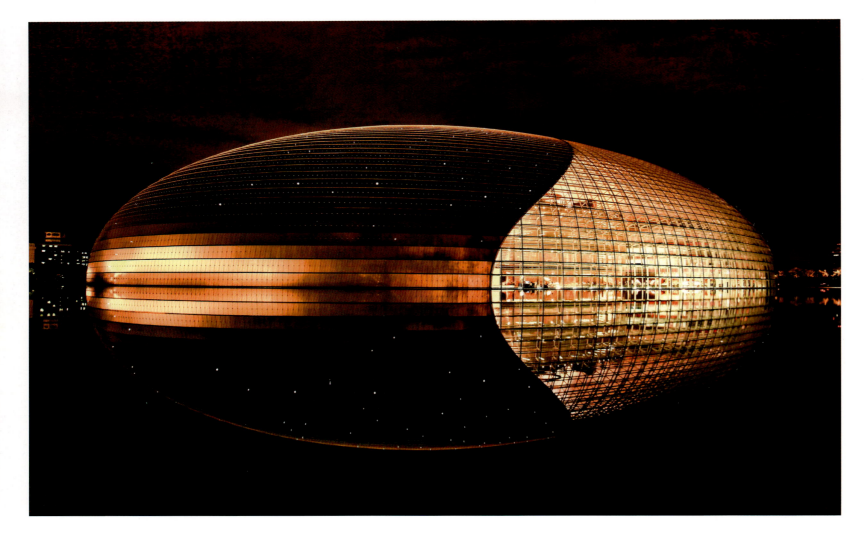

位于人民大会堂西侧的中国国家大剧院，由法国建筑师保罗·安德鲁主持设计。特殊的地理位置，使这座建筑从颠覆传统认知、曾经难以被人接受，到人们逐渐爱上它，将其视为北京新地标之一。夜晚的国家大剧院，在光与电的塑造下，建筑立面的钢材消隐于夜幕，玻璃砖映透出室内的通明灯火，光影切入水中，柔美且灵动，像小夜曲般婉转、悠扬。

崔贺平 摄

有着悠久历史的前门大街，是北京最古老的商业街区，也是记录历史的"活化石"，见证了明、清、民国时期至今的历史变迁。在此，可以坐上"铛铛车"，穿越时光，回到曾经的北京城；也可以从老字号的商铺与各种老物件中，窥见老北京人的市井生活。在由电起舞的夜景灯光中，这条历史街区弥漫着"整旧如旧"的老北京韵味，吸引着世界各地的来访者。

王心超 摄

2008年，北京奥运会盛大开幕。作为"第四代体育馆"中的杰出代表，国家体育场（鸟巢）承载了设计师与国人的壮丽构想。开放的北京鸟巢显现出新中国新时代海纳百川的胸怀。

高志星 摄

天津

坐上"天津之眼"摩天轮，观海河夜景，是夜晚感受津城的独特方式。天津，这座华北平原上的交通要塞，在中国近代史上留下了浓重的一笔。开埠通商，让这里早早便商贸繁华，西洋建筑林立；而如今一座座现代摩天大楼拔地而起，成为当代天津的新写照。夜晚，随着摩天轮的慢慢转动，城市似乎也放缓了脚步，海河的风轻轻吹过，掠过闪烁的霓虹，拂在享受"慢生活"的人们脸上。

海河是天津的母亲河，也是天津的象征。海河夜景被视为中国最美夜景之一，两岸大厦林立，金融区、教堂以及一座座桥梁，融合中外建筑艺术特色，到了夜晚灯光绚烂夺目、独具一格。

前页图、本页图
董开泰 摄

上海

上海，这座国际第三大金融中心，曾经是"十里洋场"的繁华地，如今又是中国经济中心之一。如果说北京端庄大气，那上海则是时尚曼妙。"夜上海"的美名，令这座城市的夜色充满诱惑。夜晚，外滩星光璀璨，现代建筑与民国建筑遥相呼应，随灯光的起伏穿梭，光与电碰撞出令人震撼的如画胜景。

方舟 摄

　　上海环球金融中心，位于上海市浦东新区的黄浦江畔，是众多跨国银行的大中华区及东亚总部所在地，也是中国最具影响力的金融中心之一。其所在的陆家嘴金融区是上海独具魅力的地方，更是改革开放的象征。

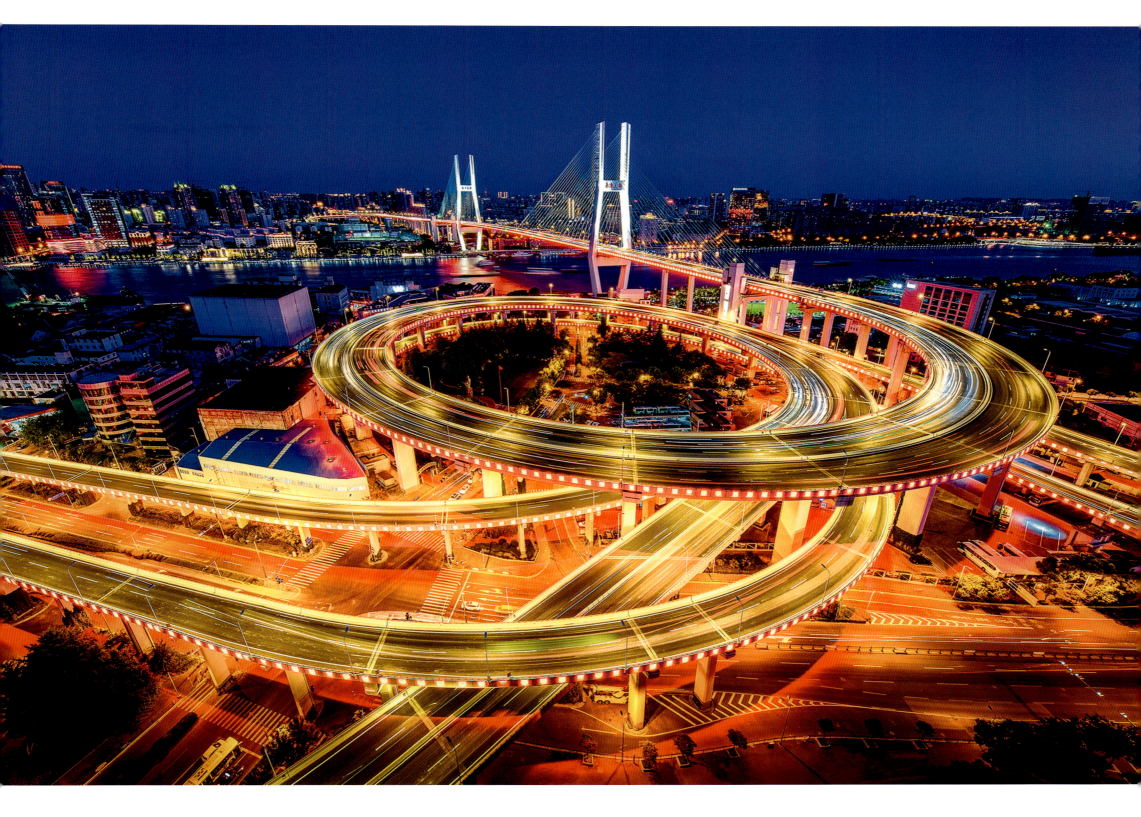

方忠麟 摄

　　南浦大桥是上海市区第一座自行设计、建造的双塔双索面叠合梁斜拉桥，圆了上海人"一桥飞架黄浦江"的梦想。南浦大桥设计立意为"盘龙昂首"，引桥是盘龙的身体，桥塔是盘龙的头和颈。2010年，为迎接世博会开幕，大桥进行了涂装工程。为形象表征为盘龙特征，用白色发光二极管点光斑逐渐滚动直到塔柱顶部，展现中国龙的雄姿。

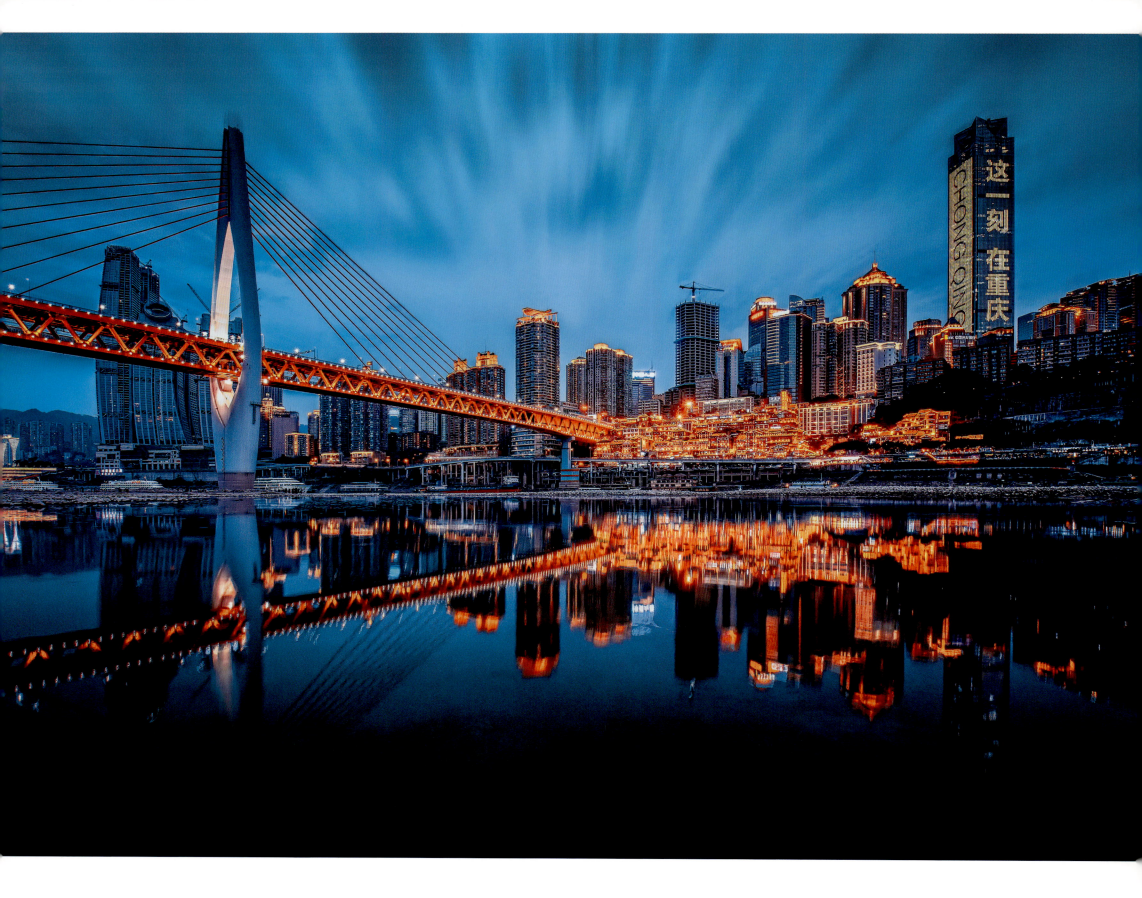

重庆

　　半城山水半城绿，以"山城"闻名的重庆，位于嘉陵江与长江的交汇地。夜晚的江面灯火通明，一座座跨江大桥若金色长龙，横穿长空，见证着城市的变迁。有着巴渝文化的重庆，旧石器时代便有了人类的生息繁衍；而如今的重庆，更是一座人头涌动、热闹喧嚣的"不夜城"。空气里弥漫着火锅的麻辣香味，一座座现代建筑沿江而立，人们在夜色中尽享"美食与美景"的轻松惬意。

曹宁 摄

"布帆一转见钟楼，落日青山古万州。"作为"国家历史文化名城"的重庆，具有3000多年的历史，既以"江城""雾都"著称，又以"桥都"扬名。重庆地处中国西南部，是长江上游地区经济、金融、科创、航运和商贸物流中心。

河北

河北，古为燕赵之地。"自古燕赵多名士"，扁鹊、荀子、荆轲、董仲舒、祖冲之等名人志士，使这片土地在中国古代历史上留下了浓墨重彩的一笔。石家庄的夜晚，华灯初上，北方工业城市的大气与浑厚，在四起的灯光下展露无遗。

地处渤海湾的唐山，是中国近代工业的发祥地之一。中国第一座煤矿、第一条标准的铁路、第一代蒸汽机车，均发源于此。40多年前的唐山大地震几乎将这座城市化为废墟，而如今崭新的唐山，又重新屹立于燕赵大地，在万家灯火的祝福中展翅翱翔。

张立武 摄

山西

享有"中国古代艺术宝库""中国古代建筑博物馆"之称的山西，是中国地上文物最为丰富的文物大省。这片土地孕育出的三晋文化，是中华传统文化的重要组成部分。被誉为"三晋第一街"的迎泽大街，是太原市的标志性交通主干道。"迎泽"二字源于宋代太原古城大南门——迎泽门。时至今日，宽阔笔直的迎泽大街在万千灯火点缀下愈发绚丽多彩、雍容雅致。

李煜柱 摄

《山海经》曾记载："官冷之山，汾水出焉。"汾河一直以来被山西人民亲切地称为"母亲河"，在山西省的政治、历史、文化、经济中的地位举足轻重。2019年10月1日，国庆烟火晚会在太原汾河公园通达桥至晋阳桥段举行，燃烧的焰火照亮了汾河，也照亮了未来山西发展的道路。

李煜柱 摄

内蒙古

　　辽阔的草原，给了内蒙古"风吹草低见牛羊"的诗意，也使这里成为中国游牧文明与农耕文明的交汇融合地。自从有了电，有了恒定的光，这里的茫茫草原和无垠戈壁才真正与人类文明脉搏同振。自治区西南部的城市鄂尔多斯，夜色中透着草原的辽阔与大气。现代建筑鄂尔多斯博物馆中，历史传统、民族风情遇上现代艺术，一段穿越古今、跨越时空的旅程由此开启。

辽宁

取辽河流域永远安宁之意而得名的辽宁省，是我国的重工业基地。这里又是中华民族文明的起源地之一，从朝阳牛河梁红山文化遗址中，已经可见一个初具国家雏形的原始文明社会。2019年，第13届夏季达沃斯论坛在大连市举行。大连以最炫彩的灯光向国际客人致敬，向美好的新时代献礼。

苗雨 摄

吉林

作为女真部落发祥地的吉林，是中国现代民族工业的摇篮。这片松嫩平原与长白山呼应的寒冷北国之地，因为有了电，有了光，才真正驱散了寒冷。微风下，长春净月潭的夜景带着独特的迷人魅力。点点灯火，皓月当空，亭如战士，挺立在潭水中，守护着长春之南。

田铠铭 摄

现代风格的体育馆建筑——吉林市全民健身中心，随夜幕降临，流光溢彩，灯火阑珊。建筑物的照明灯、街上的路灯、穿梭的车灯，汇成一片光的海洋，为吉林这座居于松花江畔的北方城市，平添了一份水光交映的灵动。

"白山黑水"的北国边陲黑龙江，有着丰富的森林资源。省会哈尔滨自20世纪60年代初兴起冰雕艺术，如今发展为冰雪文化艺术，成为冬季独特的城市名片。哈尔滨大剧院依水而建，通体颜色素雅洁白，体现出北国风光的设计理念。剧场在非演出时段引入自然光，探索实践"碳中和"环保新形式，为现代建筑引入绿色能源的元素。

郭志军 摄

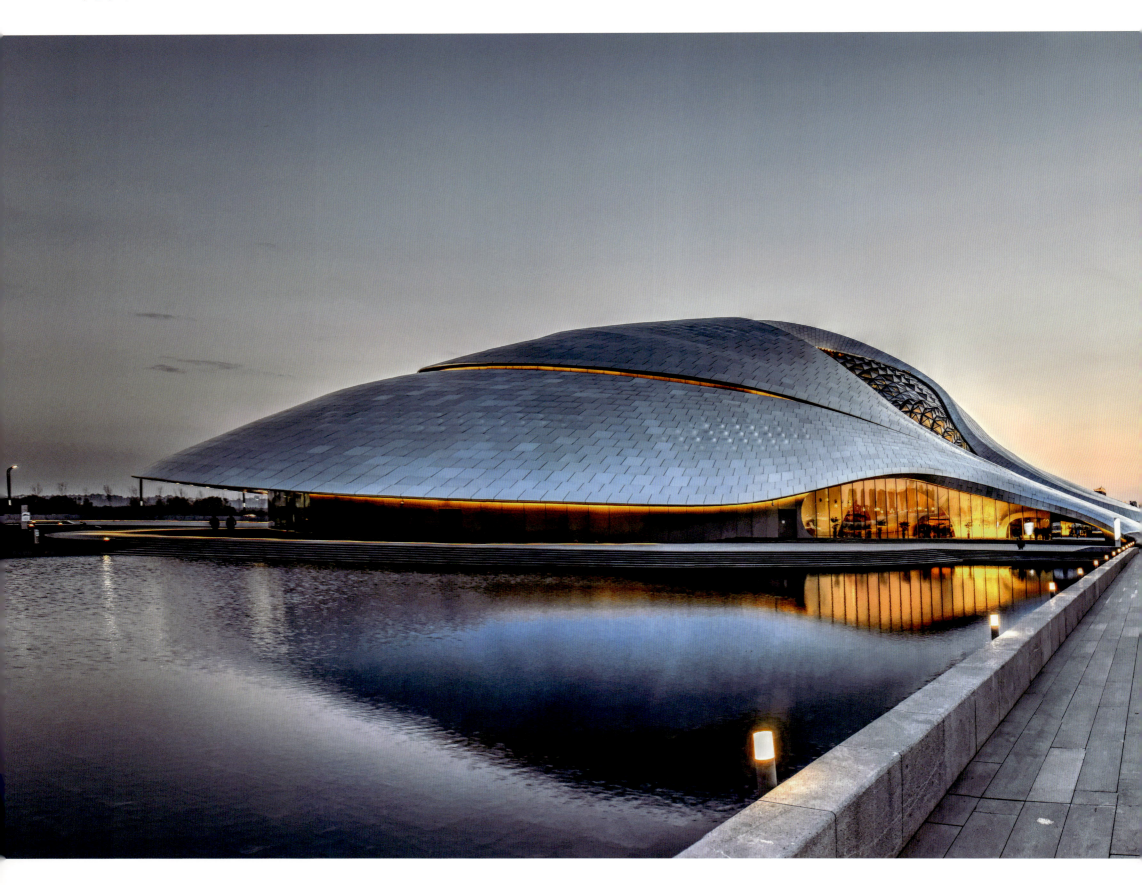

黑龙江

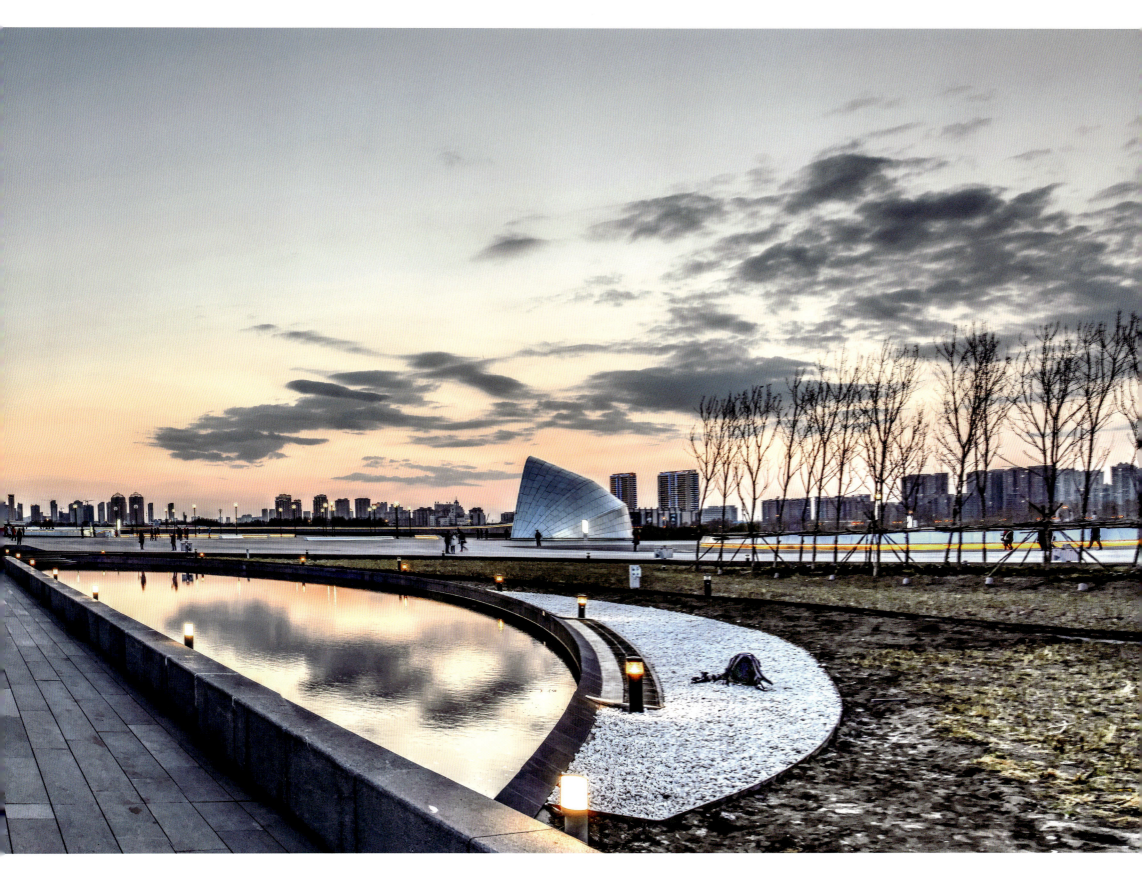

上图：哈尔滨圣·索菲亚教堂，属拜占庭风格东正教教堂，整体风格富丽堂皇，典雅超俗。夜色渐临，灯光涌动，更显神圣肃穆。

吴国范 摄

左页图：龙塔，即黑龙江省广播电视塔，塔高336米，是亚洲著名高钢塔。远望"龙塔"，高耸入云，灯火通明，仿佛擎天一柱，屹立北国之滨。

李国鹏 摄

江苏

被誉为"教育强省""文化大省""鱼米之乡"的江苏，自古便有着"吴韵汉风"的特质。建筑外观呈"荷叶水滴"形的江苏大剧院，位于省会南京，它既有水韵江南的柔美婀娜，又显汇流成川的包容气势。建成后的江苏大剧院，是中国最大的现代化大剧院，亚洲最大的剧院综合体。

朱从超 摄

左页图："山川过雨晓光浮，初看江南第一州。"南京，有"天下文枢""东南第一学"的美誉，自古以来便是繁华所在。夜晚的南京热闹非凡，秦淮河上游船川流不息，新街口人流摩肩接踵，灯光让整座城市亮如白昼。

任俊宇 摄

"南京眼"步行桥，是长江上首座观光步行桥。该桥外观造型简洁飘逸，两个白环既相对又似分离，动感极强。桥身似泛起的涟漪，钢铁之骨则展现了现代感。远远望去，两个白环像一条白玉腰带系在夹江之上，两侧看去，又好像白色羽翼振翅向上。

张强 摄

浙江

　　浙江素有"鱼米之乡""丝绸之府"的美誉，也有"文化之邦""旅游之乡"的盛名；有河姆渡、马家浜和良渚文化的人类文明遗址，也有白居易、苏轼、王安石、岳飞等名人志士书写的壮美长歌。如今的杭州现代时尚，登上集观潮、游憩、休闲于一身的现代城市公园"杭州城市阳台"，可近观杭州CBD摩天高楼的灯火璀璨，也可远眺钱塘两岸的夜色风光。G20峰会期间，红色霓虹照亮钱塘江，映红城市上空，摩天大楼上"中国，我爱你"巨幅字幕，道出了新时代人们的心声。

吴海平　摄

孕育出璀璨的河姆渡文化的宁波，是"海上丝绸之路"的东方始发港，中国东南沿海重要的港口城市、长江三角洲南翼经济中心。甬江、姚江、奉化江三条江水汇聚在宁波，三江交汇的地方就形成了浙江宁波三江口秀美的风光。

王慕宾 摄

合肥，素有"三国故地，包拯家乡"之称，被世人称为"江淮首郡、吴楚要冲""中原之喉"。作为"一带一路"和长江经济带战略双节点城市，合肥始终发挥着重要作用，驱动长三角城市群高速发展。

黄冰 摄

安徽

曾经的安徽，文人辈出，商业要地，在中国古代史上留有浓墨重彩的一笔；如今的安徽，一片现代繁荣之景。合肥大剧院，流线形的顶棚设计，像一片片"波浪"，在城市的夜景中熠熠生辉。

杨世峰 摄

福建

以闽文化为特色的福建，有着兼容与开拓的文化特质，是21世纪海上丝绸之路核心区。省会福州三山环抱，闽江横贯。从古至今沿江两岸，延续着闽人商贸的足迹，彰显着城市欣欣向荣、蓬勃发展的生命力，热闹而绵长。

郑鹭洲 摄

江西

　　江西，有着驰名中外的红色文化，也有着深厚的历史文化底蕴。南昌红谷滩新区，东濒赣江，与滕王阁隔江相对。夜晚，从空中俯瞰，道路灯火通明，如长龙蜿蜒，摩天大楼灯光闪烁，上演着一江两岸的灯光秀。绿地中央广场两座双子星大厦与周围的座座摩天大楼，勾勒出今日南昌的城市天际线。一江两岸夜景，已成为南昌城市发展的新名片。

黄建军 摄

　　被誉为"江南三大名楼"之一的滕王阁，伫立赣江边，静观城市日新月异。夕阳西下，登上滕王阁，一睹唐代诗人王勃观江望景留下的那句"落霞与孤鹜齐飞，秋水共长天一色"，待城市霓虹璀璨，照亮夜空。

山东

　　齐鲁大地，孔孟之乡，有着厚重的历史文化。胶东半岛是山东的经济龙头，有着海滨城市的蓝天碧海、红瓦绿树。夜晚，青岛灯火璀璨、喧嚣热闹，与大海的宁静相呼应，一动一静、一亮一暗。夜色闪烁，霓虹闪动，上演着一幅"月华连昼色，灯影杂星光"的诗意景致。

河南

河南历史悠久，是华夏文明的发源地。洛阳九州池是隋唐洛阳宫城（紫微城）中的重要皇家池苑，也是中国古代皇家园林的杰出典范。如今的九州池遗址，金碧辉煌间，尽显盛唐时期洛阳宫城的繁华景象。

段万卿 摄

都市之夜，分外妖娆。"中原第一高楼"的郑州千玺广场，设计灵感来自中国现存最古老的砖塔——河南嵩山嵩岳寺塔，也融入了竹在中国传统文化中的美好寓意。夜色中的建筑，既有现代感又不失古韵，充满了时代气息。

　　湖北是楚文化的发源地，有着灿烂的"荆楚文化"。于此孕育的楚辞，被誉为中国浪漫主义文学的源头，影响至今。这里也被称为"千湖之省"，星罗棋布的湖泊如散落的珍珠交错于大地。华灯初上，纵横交错的道路，于霓虹中灯光璀璨，与湖泊遥相呼应；一座座建筑伫立大地，跨江大桥横卧江中，在静与动、明与暗中，将夜色中的城市勾勒得曼妙灵秀。

霍国军 摄

湖北

　　长江夜景，是武汉这座"英雄城市"的一张靓丽名片。远处高楼鳞次栉
比，即便是沉沉暮霭也掩盖不住"九省通衢"的繁华兴旺。

于琳 摄

黄鹤楼上历代文人留下了大量诗篇，体现了荆楚大地的文化风情。如今的武汉，是仅次于北京的全国高校数量排名第二的城市。夜晚的武汉，有武汉大学教学楼的盏盏灯光，也有武汉长江大桥飞架南北、天堑变通途的壮观气魄。

湖南

　　潇湘大地，英才辈出。湖南是中国近现代史的思想中心，近代军事与革命的摇篮，诞生了一个个伟大的历史人物。一代代潇湘子弟从岳麓书院走出，名人辈出。如今的长沙，现代建筑林立。长沙文化公园作为城市新地标建筑，设计感十足，线条如起伏的波浪，连接音乐厅、博物馆与图书馆，在夜色中璀璨炫耀。

广东

　　享有"敢为天下先"美誉的广州，是近代民主革命的发源地，也是现代"改革开放"的先行官；是东西方文明的交汇点，也是连接世界的窗口。夜幕中，珠江两岸火树银花，"小蛮腰"（广州电视塔）、广州大剧院、西塔与东塔等城市地标建筑，霓虹穿梭，灯光秀色彩绚烂，像是T形台上身着时尚华服的模特，在夜空的大舞台里尽情展示。

易贵将 摄

后页图：
　　作为中国第一个经济特区的深圳，是个新兴的移民城市，也是中国第一座全部城镇化的城市。这里创造了举世瞩目的"深圳速度"，被誉为中国改革开放的窗口。

霍国军 摄

　　珠海横琴，一江之隔，与澳门相望。曾经的大小横琴岛，青山绿水却人烟稀少，如今的横琴新区尽显现代气息，珠海长隆度假区吸引着各地游客。新建的横琴二桥吊杆如琴弦垂悬，拱肋如琴弓横卧，与"横琴"地名相应。LED灯光闪烁间的溢彩流光，勾勒着夜景下的城市婀娜。

欧阳敏 摄

　　"中西融合、多元包容、开拓进取、务实担当"形成了珠海这座海滨城市独特的文化。这里清洁、干净、宁静、休闲，是中国宜居城市之一，有着幸福之城、浪漫之城的美称。白天，漫步在椰树成荫的街道，感受亚热带风情；夜晚，行走江边，看一江两岸，看水光共舞的城市新景观。井岸大桥、尖峰大桥连接斗门主城区两岸，江边夜色温柔，人们在多彩的斗门夜色中惬意悠闲。

周东兴 摄

广西

广西古属百越大地，聚居着汉族、壮族、瑶族、苗族、侗族、京族、回族等多个民族，是中国民族大融合的代表。曾经兴盛于汉、唐时期的侗族风雨桥，不用一钉一铆，便可屹立百年。如今广西的第一座斜拉索桥——南宁白沙大桥，犹如一条巨龙横卧邕江，以绚烂璀璨的灯光彰显着城市的繁华。

南宁，广西壮族自治区首府，别名"邕城"。它是北部湾经济区中心城市、西南地区连接出海通道的综合交通枢纽。这座城市自出现以来便得天独厚，拥山川之利，享文化加成，如今更在现代化发展政策的加持下，插上了经济腾飞的翅膀。

姚金汛 摄

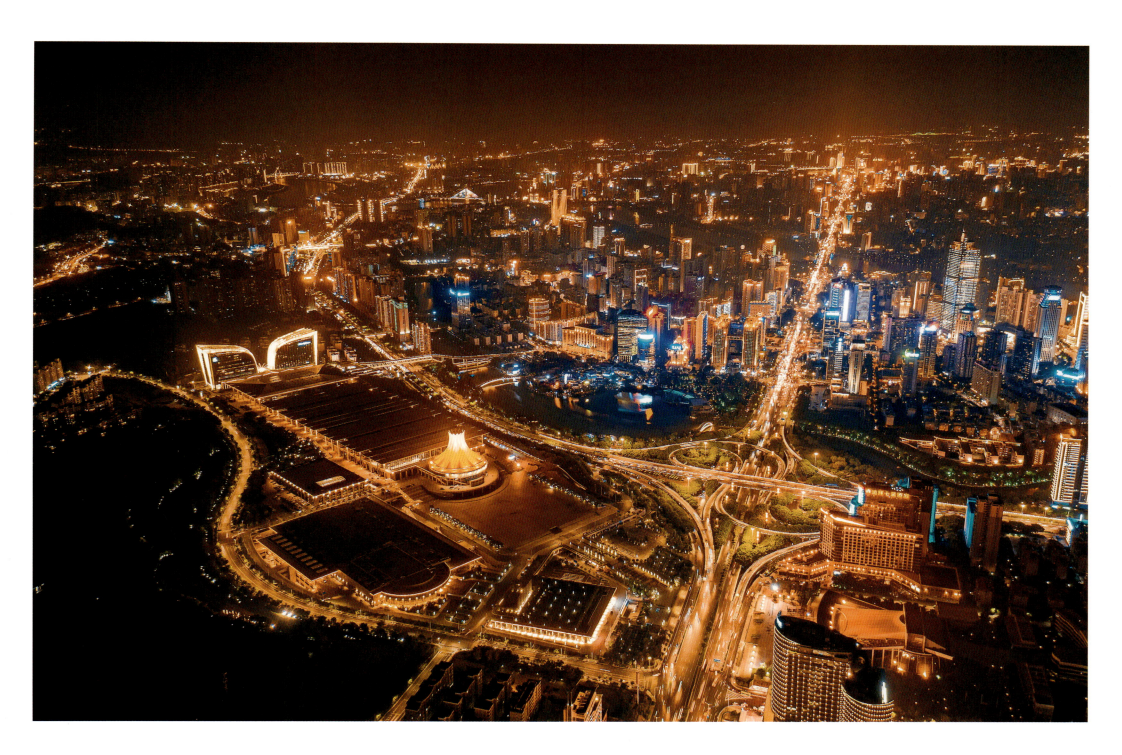

"浮云东去接昆仑，雨过春明水竹村。马上称心无瘴疠，粤南此地自乾坤。"独特的百越文化，让南宁成为中国西南的一朵奇葩。随着充足稳定的电力供应，南宁逐渐摆脱了复杂自然环境的制约，三元灯火、月夜花洲，装点的这片乾坤胜地更加璀璨。

姚金汛 摄

海南

中国版图的南端，一个风光旖旎的热带岛屿——海南岛，蜿蜒伏卧海上，如一颗南海明珠。澄清的海水、松软的沙滩、高耸的椰子树、红瓦的屋顶，让1500余公里长的海岸线，有着热带气候下独特的自然景观。因为有了人，有了电，才使这里即便身居偏远，也能与祖国同步连接，成为守护南海的卫士。

夜晚的海南，海风吹来，椰子树树影婆娑，身姿摇曳，给了这片土地灵动与浪漫。海岛之夜，月色朦胧，灯光闪烁，海水收起了一天的喧嚣，安静下来。自然景观与人工景观在度假酒店中无缝衔接，处处都可感受到明月、海风、椰子树的浪漫气息。

四川

　　群山环绕的四川，自古便有"蜀道难，难于上青天"之称。易守难攻的地理位置，使这片"天府之国"任四周炮火轰鸣，也能安然悠闲、岁月静好。这里与忙碌、紧张隔绝，与美食、茶馆为伴。夜色下，历史名街"宽窄巷子"里到处印着"宽窄巷子，最成都"的字样；高悬的红色灯笼，透着市井气。

自贡，"因盐设市"，"自、贡"两字由"自流井"和"贡井"两个盐井名字合称而来。新中国成立以来，自贡一改历史单一产盐的经济结构，多措并举发展轻重工业，城市逐渐由小变大，一改闭塞落后的面貌。

蒋辉 摄

西藏

位于"世界屋脊"青藏高原上的西藏,有着世界海拔最高的山脉——喜马拉雅山脉,有着丰富灿烂的民族文化。布达拉宫坐落于中国西藏自治区的首府拉萨市区西北玛布日山上,是世界上海拔最高,集宫殿、城堡和寺院于一体的宏伟建筑,也是西藏最庞大、最完整的古代宫堡建筑群。布达拉宫依山垒砌,群楼重叠,是藏式古建筑的杰出代表。

廖望 摄

陕西

"秦时明月汉时关，万里长征人未还。"中华文明发祥地之一的陕西，有着"中国地下博物馆"之称；而省会城市古都西安，自古又有着太多的诗人咏叹、游子牵挂。夜色中的西安，古城墙、大雁塔、小雁塔等镶上了道道金边，整个城市夜似白昼。恍惚间，梦回大唐，满目尽是万商云集、百业兴盛的繁华盛世，还有"客从长安来，还归长安去"的络绎人流。

甘肃

"黄河之水天上来，奔流到海不复回。"塞外甘肃，有连绵的戈壁，有玄幻的敦煌，也有黄河奔腾。流淌着中华民族血液的黄河，穿省会兰州而过。白天，可以坐上羊皮筏，泛舟黄河，感受它于城市中的温柔；夜晚，可以走在黄河边，眺望数架跨河大桥的霓虹绚丽。电与光，驱散着大西北的荒凉，使这片土地有了翻手苍凉、覆手繁华的张力之美。

芦建华 摄

兰州历来是东西交通要塞，中原与西域往来的必经之途。穿城而过的黄河就像一道难以逾越的屏障。桥梁建设打破了"隔河如隔天"的困境。兰州黄河铁桥，又名"中山桥"，横跨兰州滨河中段。该桥是中国近代史上兰州市、甘肃省乃至整个西北地区第一座引进外国技术建造的桥梁，是研究中国近代历史的一把"钥匙"。

王江 摄

宁夏

有着"塞上江南"之称的宁夏，早在几万年前，水洞沟遗址中就有了人类的繁衍生息。这里是西夏文化的发源地，也是多民族的融合地。夜色退去，霓虹闪烁下的省会银川，可以看到茫茫塞外的辽阔无限，感到滚滚黄河的奔腾而过，遥想金戈铁马的硝烟战火。道路在灯光下若葡匐长龙，延伸至贺兰山脚下，点亮了宁夏平原。

卢磊 摄

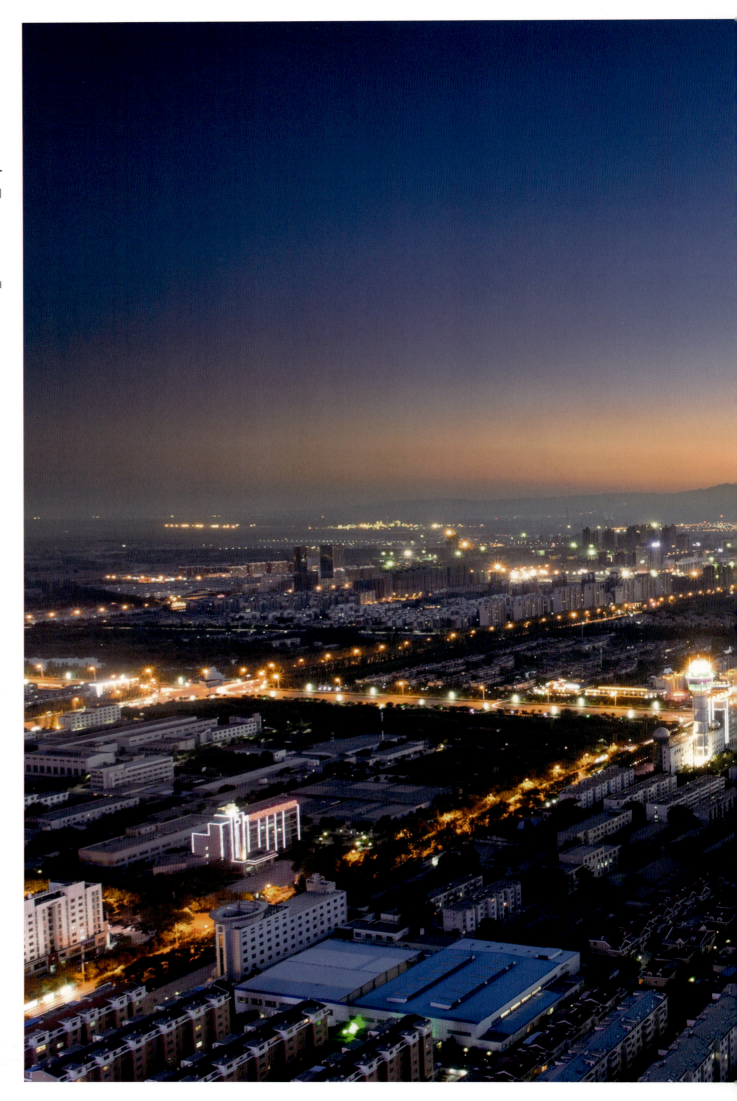

青海

因省内有中国最大的内陆咸水湖——青海湖而得名的青海，旧石器时代晚期，便有了先民在今柴达木盆地、昆仑山一带的繁衍生息。省会西宁，青藏高原的东方门户，素有"西海锁钥""海藏咽喉"之称，是世界高海拔城市之一。夜晚的西宁，华灯高照，一栋栋建筑被映照得好似五彩水晶，看得人们目眩神迷。

蔡征 摄

新疆

　　占中国国土总面积1/6的新疆，幅员辽阔、物产丰富。这里地处亚欧大陆腹地，与俄罗斯、哈萨克斯坦等八国接壤，自古就是多民族迁徙聚居地，也是多种文化的融合地；古代，这里是丝绸之路的要道；如今，是第二座"亚欧大陆桥"的必经地；这里矿产丰富、草原辽阔、绿洲与雪山交错其中；这里有张骞出使西域的历史，也有楼兰公主的传说。摩天大楼拔地而起，跨河大桥上灯光闪烁，尽展城市的现代文明。

王学峰 摄

香港

到香港不能不去维多利亚港，到维多利亚港不能不看两岸的夜景。"世界三大夜景"之一的香港维多利亚港夜景，香港会展中心、中银大厦等现代摩天大楼灯火通明，维多利亚港两岸上演着一场五彩斑斓的视觉盛宴。游走于夜色中的香港，看光束在夜幕中划破长空、此起彼伏，科技与艺术携手，将这颗"东方之珠"，绘成一幅闪亮的画卷。

焦潇翔 摄

　　香港国际金融中心，是香港作为世界级金融中心的著名地标，位于香港岛中西区中环金融街8号，面向维多利亚港。该建筑是世界少数采用双层电梯的大厦之一。其中，国金二期共有电梯62部，乘电梯由地面至90楼的顶层只需2分钟。

焦潇翔 摄

　　左页图：香港三大区域之一的九龙，东、南、西三面都被维多利亚港包围。站在大帽山望去，九龙好像天边的街市，是人们娱乐放松的天堂。

焦潇翔 摄

澳门

伴着耳畔响起《七子之歌·澳门》的清澈童音，感受到的是曾经那个漂泊"游子"的内心呼唤。夜晚的澳门，中西合璧的建筑风格在灯火辉煌中，有的是中西文化的碰撞交融。漫步于澳门的夜色之中，看欧洲文艺复兴建筑与东方建筑的糅合，感受葡式建筑的印迹。这座世界著名的赌城，处处流露出多元文化的风情。

台湾

宝岛台湾，有中华文化的绵延，有高山族南岛文化的影响，也有日本与欧美文化的融合。登高远望，山下是摩天大楼的高耸林立，是满街商铺透出的烟火气，弥漫着历尽沧桑后从容不迫的生活态度。

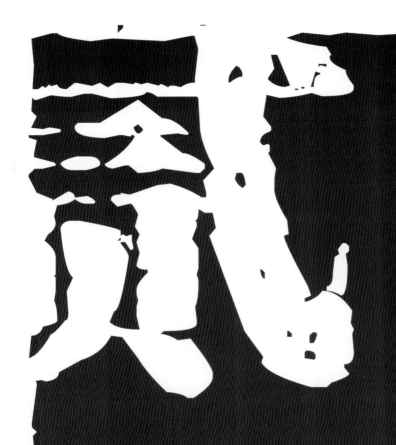

　　作为一个农业大国，中国"三农问题"（农业、农村、农民）古已有之，其长期性、复杂性、特殊性和政治性，一直以来都对社会稳定、国家富强、民族复兴有着深刻影响。"没有农业、农村现代化，就没有整个国家现代化。"作为农村重要基础设施，电网建设关系农民生活、农业生产和农村的发展繁荣，是振兴乡村的关键一环。

　　2015年，青海果洛藏族自治州班玛县果芒村和玉树藏族自治州曲麻莱县长江村合闸通电，全国最后9614户3.98万无电人口用电问题得到解决。蜡烛、煤油灯退出了历史舞台。仅仅两年后，国家电网有限公司"村村通动力电"项目竣工，7.8万个自然村、1.56亿人因此受益。

　　电力畅通，不只是生活在村子里的人受益，代表着一代代人"乡愁"的传统村镇，也因而被赋予鲜活的生命。作为一个地域文化的基因，高高悬挂的大红灯笼曾为村镇增光添彩。然而，近代以来，传统村镇建筑保护受到资金掣肘，即使时间进入1978年，全国农村用电量也仅为253.1亿千瓦时，匮乏的电力供应让曾经的街巷、楼阁一度显得暗淡无光。从2014年起，中央财政在三年内投入百余亿元集中用于传统村落保护。2018年，全国农村用电量达到9358.5亿千瓦时，充沛的电力能源让古老的村镇重新焕发荣光，帮助人们守住了中华民族最核心的"精气神"。

　　"烟村南北黄鹂语，麦垄高低紫燕飞。谁似田家知此乐，呼儿吹笛跨牛归？"进入新时代，农村不再是贫穷、落后的代名词，象征希望的电灯，让中国的乡土也有了新的昵称——美丽乡村。

第二章

乡镇分外妖娆

电『联』阡陌

　　古北水镇坐落在北京市密云区司马台长城脚下。古北口自古以雄险著称，康熙、乾隆皇帝多次赞颂，以"地扼襟喉趋溯漠，天留锁钥枕雄关"来称颂它地势的险峻与重要。而今，在现代旅游经济的推动下，它已摇身变成一座长城脚下的度假小镇。夜幕初垂，登上长城俯瞰小镇，恬静安逸、柔和美好，让人流连忘返。

王心超 摄

大理，背靠苍山，面对洱海，是云南最早的文化发祥地之一。暮色渐近，古城亮起盏盏灯光，石板路面、青瓦坡顶的白族民居诉说着大理古城的历史和文化。抛开城市的浮华，漫步在古城的街道中，感受这份温婉与诗意。

于琳 摄

　　双溪映碧，画里乡村。旧时的乡村小镇尽管每日的生活爽朗自在，夜晚也难掩一丝沉闷。如今的安徽宏村，背倚黄山余脉，即使夕阳西坠，镇子里也是明晃晃、亮堂堂，用喧闹的街市与旧时代告别。

这是陕西省西安市远郊的一座普通村镇，家家户户的屋顶被皑皑白雪覆盖，却阻止不了暖光从窗内透映而出。1998年11月，国网陕西省电力公司实现了33个直供直管县和一个代管县行政村村通电，至此，幸福的足印随着道道银线开始遍及三秦大地。

南靖土楼，自宋朝以来延续至今，是世界上独一无二的山区大型夯土民居建筑。新中国成立以来，以永春为代表的小水电在福建农村如星星之火遍地开花，有效缓解了当地农村用电问题。1980年，福建小水电装机容量达68.34万千瓦，福建电网开启农村电气化道路，这个被誉为"神话般的山区建筑"也由此焕发了新的生机。

通电前，这是一条只有零星光亮的"魔鬼"公路，在荒凉的甘肃景泰大山中，冷硬的山风、漆黑一片的蜿蜒公路，好像要将来往车辆送入未知的深渊。电力畅通后，这条公路"旧貌换新颜"，变成一条绚丽的彩带，一头连接着"塞上江南"，另一头贯通着"丝绸之路"。

　　四川，自古以来被誉为"天府之国"，地势西高东低，地跨第一阶梯和第二阶梯。极大跨度的险峻地貌，让四川可以自给自足的同时，也因此与外界减少交通，成为"缺电大省"。1998年，第一条500千伏输电线路工程——二滩500千伏送出工程建成，使四川电网完成从220千伏到更高电压等级的飞跃，四川全省超高压输电网形成，也让中国"四大古城"之一的阆中古城真正成为山环水绕的一座阆苑仙境。

李斌 摄

四川柳江古镇，史称"明月镇"，是四川十大古镇之一，也是全国特色小镇、历史文化名镇。这座始建于南宋绍兴十年的古镇，在八百年后的今天，迎来了自身最为光彩耀人的时刻。店内灯火通明，街上亮如白昼，尽管在黑夜，也尽情领略着"烟雨柳江"的韵味。

黄峥 摄

电网建设极大促进了地方农村经济的发展，大连市瓦房店得利寺镇烧锅村以"户户通"为契机，大力发展农业大棚产业，取得了丰硕成果。

于永乐 摄

随着当地政府大力兴建电力、交通等基础设施，青海省门源回族自治县旅游业逐渐发展壮大，大片盛开的油菜花和远处秀美壮丽的祁连山吸引了大批游客，小县城的夜晚也被点亮。

卢磊 摄

　　新疆伊犁州特克斯县，以其八卦布局而成为"天地交而万物通，上下交而万物同"的城市。2014年以来，国网新疆电力有限公司持续加快农网建设，充足的电力贯通新疆南北。截至2020年10月22日，新疆农村电网输电线路长度达10.83万千米，农村户均配电变压器容量2.2千伏安，农牧区电力基础设施水平稳步提升。这座现今世界最大规模的"八卦城"也因此受益。

伊吾县，位于新疆维吾尔自治区东北部。长期以来，伊吾县大力加强电力重大基础设施建设，加快推动各级电网工程项目竣工投运，基础设施薄弱的瓶颈制约得到有效缓解。2016年，伊吾县社会事业全面进步，保障和改善民生取得重大突破，完成了"摘帽、退村、减贫"计划，实现了在自治区率先脱贫的奋斗目标。

陈建军 摄

"天山雪云常不开，千峰万岭雪崔嵬。"天山脚下的未名小镇，常年被皑皑积雪覆盖，干柴、马粪是农牧民们最常用的照明、取暖工具。2001年，新疆主电网与巴州电网互联，首次送电过天山。2007年9月27日，新疆"户户通电"工程全线告捷，2.6万户农牧民告别无电的日子，至此，这里真正成为童话的国度，"用上电"的希冀成为"用好电"的现实。

亚丁村，素有"最后的香格里拉"的美誉。村子位于山间台地上，小村隐匿在雪山和森林间，每一户藏房看似摆放随意，但细看却自然协调。星空低垂，小村在星辰的笼罩下仿佛世外桃源。村庄里人家窗内的灯光，显示出村子不再与世隔绝，而是真正与现代接轨。

黄琦 摄

亚青寺，位于四川省白玉县昌台区阿察乡境内，是第二铜色德山亚青邬金禅修圣处。亚青寺现常住有两万余僧尼，屋舍数万间，昌曲河将整个寺庙包围，形成一个小岛。夜晚，远远看去，好像金色莲花在河心绽放。

尹庆华 摄

　　1938年3～4月，历时一个月的台儿庄战役在山东枣庄结束。此次大捷是中华民族全面抗战以来在正面战场取得的重大胜利。唯一遗憾的是，台儿庄古城因战争炮火被夷为平地，不复往昔繁华。2008年，台儿庄古城重建工作被枣庄市正式提上日程。经过三年的不懈努力，古城以崭新的面貌呈现在世人面前，重现"商贾迤逦，一河渔火，歌声十里，夜不罢市"的繁荣景象。

　　"古意城隍远香烟，一线长街三里繁。灯游笙歌青浦醉，香讯盈客不夜天。"上海青浦朱家角镇，像一颗镶嵌在湖光山色之中的珍珠，散发出柔和而洁白的光芒。当夜幕降临，久经沧桑的明清北大街人声鼎沸，静静流淌的淀浦河上游船如梭。一圈圈水波纹无声讲述着岁月的故事，映射着时代的变迁。

　　夜幕降临，苏州城就亮了起来，整个山塘街变成了光的世界，灯的海洋。华灯高照，绚丽多彩，小桥流水，游人如梭。苏州的夜色呈现出迷人的景致。

黄晓辉 摄

千华古村，坐落于镇江句容市宝华山下。村子古色古香，叫卖声、吆喝声不绝于耳，让人仿佛穿越至明清朝代。与白天熙熙攘攘的人流不同，夜晚的千华古村则是另一番风景，一座座仿古建筑在火树银花、灯烛辉煌的映衬下，显得格外神秘与静谧。

刘乐 摄

江南的夜雪和古建筑形成了绝美的冷暖对比。无人的雪夜中，一片银装素裹下，一点暖光攸然亮起，暖人心脾。

于哲 摄

　　1997年，湖南全省实现了"村村通电"；2006年，湖南全省实现了"户户通电"。被新西兰作家路易·艾黎称赞为"中国最美丽的小城"的凤凰古城，也在电的装扮下焕彩一新。这座"西托云贵，东控辰沅，北制川鄂，南扼桂边"的城镇，仿佛被描金画彩，成为三湘大地臻至完美的"工艺品"。

贵州镇远古城，素有"滇楚锁钥""黔东门户"之称。该城历史悠久，底蕴深厚。城内古街古巷曲径通幽，石桥城垣错落有致，碧水晨雾姿态万千，春江渔火诗意盎然。如今，这里商业发达，沿街酒吧林立，俨然成为不夜之城。

王伟 摄

　　白玉县，隶属四川省甘孜藏族自治州，地处青藏高原向云贵高原的过渡地带。白玉县城依山傍水，金沙江支流偶曲河水穿中而过，形成面积20万平方米的河东、河西两条主街，城中集现代建筑风格与民族特色于一体。

黄琦 摄

涪陵区，重庆市辖区，位于长江、乌江交汇处，经济上处于长江经济带、乌江干流开发区、武陵山扶贫开发区的结合部，是重庆市一小时经济圈核心城区、渝东南部中心城区、成渝经济区东部中心城区。

舒全胜 摄

　　夜幕降临，鼓浪屿就亮了起来。整个小岛变成了光的世界，灯的海洋。中西结合的各式别墅华灯高照，绚丽多彩。鼓浪屿像一朵巨大的水晶莲花，漂浮在灯光闪烁的海面上。

黄晓辉 摄

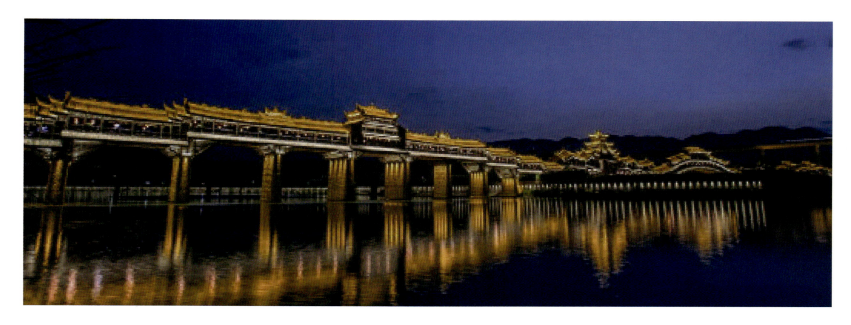

"沧浪之水清兮，可以濯我缨，沧浪之水浊兮，可以濯我足……"

位于重庆市东南部的濯水古镇，是一个集土家吊脚楼群落、水运码头、商贸集镇于一体的千年古镇。而古镇中横跨内河、阿蓬江和蒲花河的沧浪桥，则是一座长达658米的人行风雨廊桥，也是目前世界上最长的风雨廊桥。整座桥体应用重檐、歇顶、土家点将台、檐口升起与多层举折等手法，创造了统一而有变化的桥身形态，造型古朴典雅。

周智勇 摄

金河湾黄河大桥，被当地居民形象地誉为"彩虹桥""刘家峡最壮观的桥"，是一座名副其实的人文之桥。该桥的景观设计源自传统的拱桥，但又突破了传统拱桥外形单一的效果，整体犹如双"龙"卧波，钢桁架的结构体系宏伟大气，洋溢着现代化的工业气息，使全桥形成整体的曲线之美。

芦建华 摄

贵州西江苗寨，一座座吊脚楼遍布山坡。每当夜色降临，家家亮起电灯，仿佛星耀影动，亦如银河直坠，气势恢宏。

周文 摄

四川省阆中市历史源远流长，素有"阆苑仙境、风水宝地"的美誉。阆中南津关古镇，枕山揽水，景色宜人。古镇街道意蕴悠远，充满诗情画意。夜晚的古镇，亭台楼阁与灯光交相辉映，美轮美奂。

姚文顺 摄

129

　　四川天宫镇，距四川南充阆中古城10公里，因形似凤巢，又名"飞凤""凤鸣"。2015年以来，国网四川省电力公司开展精准帮扶，共选派207名职工驻村帮扶208个村，让141个定点帮扶贫困村稳定脱贫。如今，五龙村和天宫镇连成一片，夜晚灯火璀璨，成为远近闻名的休闲度假区。

姚文顺 摄

　　河北迁安，南与滦州市相邻，西接迁西县，是首批国家海绵城市试点中唯一的县级市、首批国家智慧城市试点单位。百年前，詹天佑主持修建滦州铁路大桥，为中国铁路建设做出卓越贡献。百年后，新的滦州大桥拔地而起，在灯光点缀下更显得雄浑壮阔。

张立武 摄

　　河北木兰庙会是木兰山传统民俗活动，其历史可上溯至南北朝时期。今天，庙会从以前单纯的朝山活动已经发展到今天集朝圣、经济、文化的交流、农产品展示、民间技艺表演等于一体的多元性活动。每年农历八月初一，人群开始缓慢地进入山门，到各寺庙敬香朝拜。此时的木兰山香烟袅袅，梵音阵阵，灯火通明，如同白昼。

黄晓辉 摄

深山藏古寺，白雪映青灯。河南老君山，原名景室山，位于古都洛阳的栾川县县城东南三千米处，是中国北方道教信众拜谒圣地，中原山水文化杰出代表。

段万卿 摄

　　"经济发展，电力先行。"作为国民经济和社会发展的基础和重要支撑，电力技术的进步对于推动能源消费革命、能源供给革命、能源技术革命、能源体制革命具有重要意义。新中国成立以来，电力工业开始规模发展，电网输配电能力不断增强。自2009年起，我国电网规模连续保持世界第一，全国220千伏及以上输电线路回路长度73.3万千米、变电容量40.2亿千伏安。

　　事者，生于虑，成于务。伴随着我国经济发展进入新常态，传统发展动力不断减弱，粗放型增长方式难以为继。实施创新驱动发展战略，必须将科技创新放在国家发展全局的核心位置。当今中国，移动互联网、云计算、物联网、大数据、高性能计算、移动智能终端等技术研发如火如荼，高技术产品出口额节节攀升，在2019年达到7307亿美元；新能源汽车、智能电网等新产品、新技术层出不穷，电能替代成为常态，以电代煤、以电代油成为能源消费新风尚。

　　"一元复始，万象更新。"在创新驱动发展战略的指引下，我国经济形态逐步迈向高级化，并在越来越多的新兴产业实现"弯道超车"。时代的车轮以一往无前的势头滚滚向前，而在浪潮之中，无声的电流就在你我左右，保证每个人都能享受到科技创新带来的幸福。

第二章

赋能美丽中国
电「助」经济

深圳宝安国际机场是一个具有海、陆、空联运的现代化航空港。T3航站楼，外形像一只名叫"福鲼"（谐音"福分"）的海鱼，又像一只准备起航的飞鱼。主指廊的五个凹陷区使得整个钢屋盖外形显得灵动。无论从外形、建筑材料的选择、内部设计还是施工过程，都贯彻了"绿色建筑"的理念，在设计之初就将节能环保的概念贯穿至各个设计环节，并且在各个系统中采用多项节能减排的新技术、新工艺，成为深圳节能环保理念的标志性建筑。

北京大兴国际机场拥有独特的建筑风格、优美的设计曲线、浓厚的文化底蕴。从高空俯瞰大兴新机场犹如一只浴火重生的金凤凰，寓意凤凰展翅，与首都机场形成"龙凤呈祥"的双枢纽格局，共同形成首都发展新动力。国网北京电力在临空区推动能源互联网建设，构建以电为中心的能源供给体系，打造比肩世界一流水平的临空区供电网络，助力智慧城市高效发展运行。

王心超 摄

成都双流国际机场，是中国大陆第四大航空枢纽，正逐渐成为中国西部"互联互通、辐射全球"的国际航空枢纽。夜幕降临，满眼炫丽的灯光，夺目璀璨。这里饱含着电网人的辛勤付出，为城市的发展带来极大的驱动力量。

袁博 摄

杭州萧山国际机场，浙江省第一空中门户，中国重要的干线机场，对外开放的一类航空口岸。桥载设备使用电能为飞机提供空调和电源保障，同时可以降噪声、提升空气质量。机场岸电、电动汽车充电桩等清洁电能的推广和使用，为美丽杭州的建设需求提供了强有力的支撑。

应吴翰 摄

滔滔江水格外垂青荆楚大地，这里不但有很多深水良港，还
具备良好的岸线资源和航道，湖北阳逻武汉新港则是个中翘楚。
阳逻新港位于天兴洲以东70公里的长江岸线上，是中国最大内河
航运港口。随着阳逻新港的兴建，以开放、创新为精髓的当代大
码头文化的蓬勃兴起未来可期，它将成为融通中西经济文化的桥
梁和纽带，延续中华文明的黄金脉络。

黄晓辉 摄

清风拂过，夜色降临，港口内一片繁忙。位于河北唐山的曹妃甸港，毗邻京津冀城市群，是我国环渤海地区重要的综合交通枢纽和现代物流基地。作为"北方大港"，在助推西部地区融入世界海洋经济、参与国际分工方面发挥着重要引领示范作用。

张海荣 摄

每当夜幕降临，华灯初上之时，深圳开始变得流光溢彩、精彩纷呈。深圳的发展见证了中国改革开放及现代化进程的传奇。海上世界（明华轮）是以万吨轮为主体的海上多功能娱乐中心，风靡深圳，是游客必到之处。

　　基隆港位于台湾岛北端，是台湾北部海上门户，重要的海洋渔业基地。港口三面环山，沿海湾建有40余个泊位。港口年吞吐量为3500万～4000万吨，主要货物有粮食、石油、水泥、木材、化肥和钢铁等，位居世界第十大集装箱运输港。

焦潇翔　摄

　　南京港是长江内河专业化程度最高的集装箱装卸码头，得天独厚的区位优势为长江流域现代化、多功能、江海型集装箱主枢纽港和中转港提供保证。每到晚上，港口车辆川流不息，数以万计的货物在港口进进出出，为金陵的繁华发展不断输送新鲜血液。

李祖坚　摄

　　南京南站，是南京铁路枢纽的重要组成部分，是华东地区最大的交通枢纽，也是亚洲第一大火车站和亚洲第一大高铁站。该站站房建筑秉承"古都新站"的设计理念，吸纳了大量中国古典建筑元素，如藻井、斗拱、花窗和木纹肌理等，同时中西合璧、兼收并蓄，将中国宫殿建筑的优势及特点充分发挥，体现了古都南京沉厚的风格和特有的气质。

张亮 摄

　　唐山站，唐山市最大单体建筑、重要地标性建筑，是环渤海地区仅次于北京南站和天津站的第三大城市交通综合体。该站的建设有利于形成京津冀城市群和环渤海地区之间的便捷通道，扩大对外经济联络，使唐山全面融入首都经济圈、京津冀都市圈，进一步提升唐山的开放水平，加快经济社会发展。

张立武 摄

朝天门长江大桥，是重庆市区连接江北区与南岸区的过江通道，位于长江水道之上，是重庆主城区向外辐射的东西向快速干道。深邃的夜空下，大桥好像一条金光大道，引领着过往行人直通辉煌的未来。

李红光 摄

　　阳明滩大桥，位于黑龙江省哈尔滨市松花江上，是长江以北地区桥梁长度最长的超大型跨江桥。该桥为哈尔滨市首座悬索桥，全长7133米，每小时车流量可达9800辆，桥下通航净高不小于10米，可满足松花江三级航道通航要求。

吴国范 摄

交通，是城市发展的强大驱动力。层层叠叠的快速路、高架桥四通八达，在时代的滚滚洪流中，不断推动着城市的建设和发展。横纵的交错，形成了一道动人的城市风景线。交通路网，承载着人们的出行，诠释着城市发展的速度和维度，实现了经济与生活的腾飞。

湖南郴州市境内的赤石大桥，设计为四塔双索面预应力混凝土斜拉桥，主桥长1470米，跨越约1500米的大峡谷，其最大桩直径3.1米、深102.8米，创造了国内陆地桥梁桩基施工纪录。大桥于2016年10月28日通车，帮助厦蓉高速湖南段实现全线贯通，助推湘南发展迈入"快车道"。

罗和平 摄

星海湾大桥，位于黄海水域上，是大连市境内连接沙河口区与西岗区的跨海通道，是辽宁省东部城市主干道路的组成部分。每当灯光亮起，大桥上车水马龙，一如长虹卧波，巨龙倒海。

　　2019年6月24日，在镇江五峰山220千伏跨江升高改造工程南跨越塔旧塔爆破原址，江苏省送变电有限公司施工人员在162米的高空组装新铁塔。随着最后一吊地线顶架完成组装，标志着南跨越塔全部组装完成。新建跨江输电线路建设后将满足现今长江干线5万吨级海轮远航净高50米的要求，输电能力也较原来提升3倍以上。

史俊 摄

扬州高邮500千伏变电站，是扬州地区首座500千伏智能变电站。工程投运后，不仅满足扬州地区用电负荷增长需求，同时将缓解泰州西侧地区用电负荷紧张趋势，为江苏中部地区的经济发展提供强健的电力支撑。

屈象征 摄

　　辽东半岛西侧的长兴岛，是长江以北第一大岛，国家级重点石化产业区。
夜色中，长兴岛灯火通明，充足稳定的电力供应保障着产业区的生产经营。

于永乐 摄

沙州750千伏变电站，是甘肃省内首座750千伏智能变电站，担负着疆电外送的重要任务，同时也解决了青海电网缺电的问题。该站为敦煌地区大规模发展风电、光电产业提供全面、可靠的电网输送保障，有力推动敦煌百万千瓦太阳能发电示范基地建设。

花明池 摄

小浪底水利枢纽，是黄河中游最后一段峡谷的出口，也是黄河干流三门峡以下唯一能取得较大库容的控制性工程。位于河南孟津县与济源市之间的黄河小浪底水利枢纽工程是黄河干流上的一座集减淤、防洪、防凌、供水灌溉、发电等为一体的大型综合性水利工程，是治理开发黄河的关键性工程。同时，它风光秀丽，环境宜人，被誉为"小千岛湖"。

段万卿 摄

丹江口大坝，位于汉江与其支流丹江汇合口下游800米处，周恩来总理称赞丹江口大坝为全国唯一"五利俱全"的水利工程。位于湖北丹江口市的丹江口水利工程是新中国成立后我国自行设计、自行建造和自行管理的以防洪为主，兼有发电、灌溉、航运、养殖等综合利用的大型水利枢纽工程。它不仅是根治、开发汉江的关键，而且也是南水北调中线工程的水源工程。

霍国军 摄

　　杭州阿里巴巴西溪园区，又名淘宝城，是知名互联网公司阿里巴巴集团总部所在地。阿里巴巴西溪园区一期项目由8幢单体建筑和2幢停车楼组成，包括员工主办公区、食堂、健身房、报告厅和影视放映厅等日常办公休闲的基础设施，其主建筑体的设计由日本设计大师隈研吾担纲。

张德峰 摄

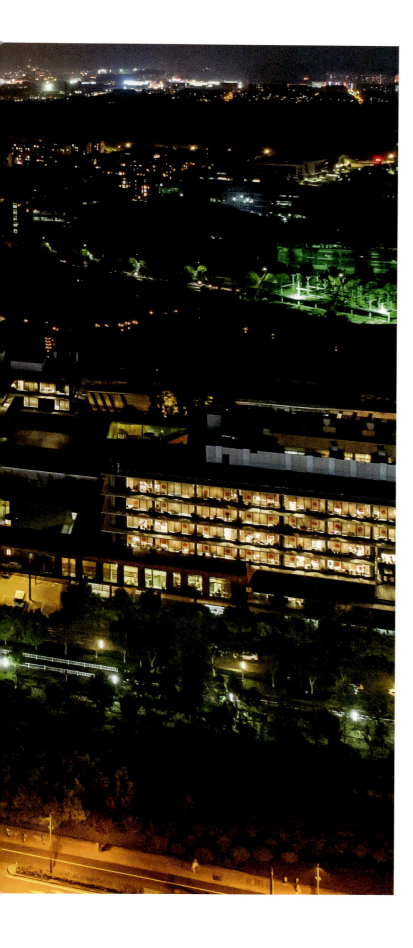

远处晚霞满天，近处灯火辉煌。位于武汉东南部东湖国家自主创新示范区的武汉未来科技城，是一个城市功能完备的卫星城，容纳人口约30万。

四川绵阳科技城科教创业园区立足城市核心区定位，坚持"科教并举、军地互动、产城相融，打造科技城中央创新产业园区"发展思路，开辟摸索出一条新兴产业化与新型城市化互动的特色发展道路。

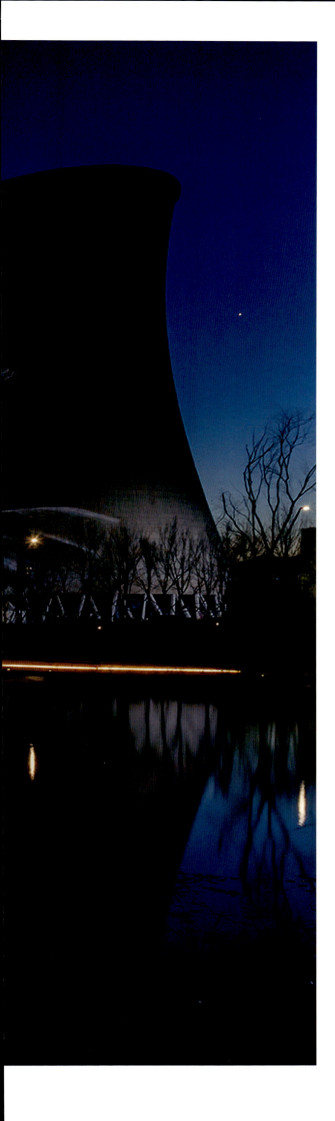

首钢老厂区始建于1919年，坐落在厂区里的高炉、厂房曾是中国工业化的象征。如今，冬奥元素激活了首钢老厂区，老首钢的厚重与新冬奥的活力相得益彰，漫步其中，仿佛在领略一首"冰与火之歌"。

王心超 摄

长春卫星路上，晚高峰时段的电力轻轨机车在暴雪中疾驰，飘飘洒洒的鹅毛大雪让路人感受到时代的火热脉搏。雪中的繁华，便是简单生活中的美好。

谭守军 摄

电的出现，打破了白天与黑夜的界限，重新构建起人类新的生活。

改革开放之初，我国人均国民总收入仅有385元，那时"三转一响带咔嚓"（"三转"指自行车、缝纫机和手表，"一响"是收录机，"咔嚓"是照相机）被国人视作美满生活的象征。如今，经过40年的发展，我国人均国民总收入已突破7万元，衣食住行发生了翻天覆地的变化。运动、休闲、购物、夜市、酒吧、演唱会、音乐节、戏剧等消费方式丰富着人们的日常生活。冬日夜色下的京城王府井，熙熙攘攘、灯火通明；夏季月色下的杭州西湖，断桥上人头攒动，远处湖面上色彩斑斓的灯光秀跳动闪烁，幸福的味道充满了大江南北。

"草木蔓发，春山可望。"现如今，俯瞰华夏热土，一基基铁塔高耸入云，一条条银线翻山越岭，变电站星罗棋布，一个由电力构成的坚强智能电网，为人们品味五光十色的人间美景提供了无限可能。也许在某一瞬间，人们会突然意识到，原来曾经漆黑、冷寂的夜，深藏着万种风情。

第四章

寄情人间烟火

电「添」精彩

　　1905年，随着中东铁路哈尔滨总工厂中心发电厂投产并发电，哈尔滨亮起了第一盏电灯，这片俗称"北大荒"的辽阔大地第一次有了"电"的身影。经历百余年的发展，黑龙江电网由弱转强，为全省47万平方公里的用户提供服务，也为哈尔滨冰雪大世界带来五彩缤纷的瑰丽。

　　作为中国通往世界的南大门，广州一直以来便是驰名全球的东方港市。公元三世纪，它是海上丝绸之路的主港；明清时期，更是成为当时中国唯一的对外贸易大港，两千多年来，长盛不衰。近代以来，这里不时成为风云际会的焦点，广州人民最终在新中国成立后获得了久违的安宁。每到国庆，广州市民欣赏的不仅是满街霓裳，也在细细品味这难得的太平盛世。

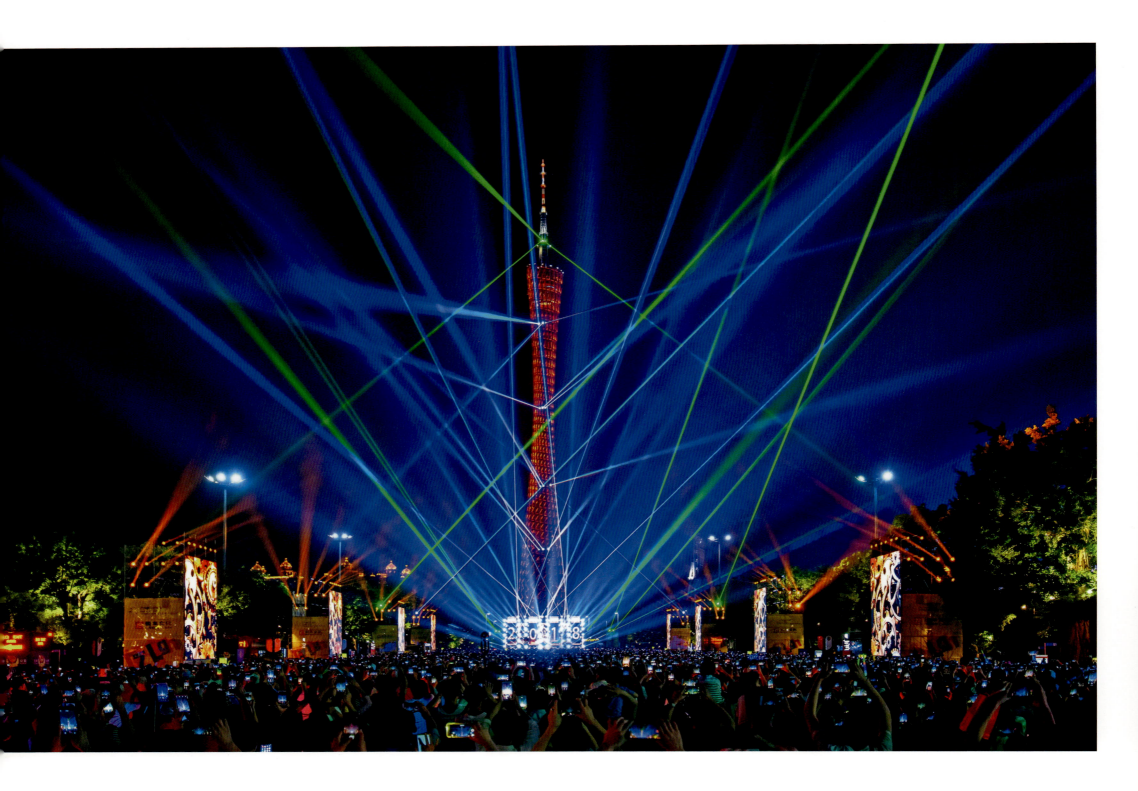

　　夜晚的"小蛮腰"（广州塔）褪去白天低调的面纱，在灯光的闪烁下释放出惊人的能量。聚集在一起的人们纷纷拿出手机，用镜头记录这绝美的瞬间，表达自己对于现代电力科技的敬意。

"千里迢迢来杭州，一半西湖一半城。"除了西湖十景，春节期间，钱江新城的音乐喷泉也为这座东南名城增添了许多年味儿。伴随着律动的音乐，泉水随着光柱位置不断改变造型，仿佛预示着这座蕴藏无限生机的城市，将在新的一年蓬勃发展。

　　"天一生水，地六成之。"书与水，一个是承载人类文明的载体，一个是赋予人类生命的源泉，二者冥冥之中同生共存。在灯光的映照下，水面上倒映出知识的殿堂，也仿佛在滋润人类未来的希望。

　　曾几何时，人们敬佩古人囊萤映雪、凿壁偷光以阅读的刻苦，也惋惜他们不能享受现代电力科技带来的便利。在杭州具有梦幻色彩的钟书阁书店里，在整面环形书墙的包围之下，人们可以享受到高品质的阅读乐趣，与知识展开安静的对话。

淮河路步行街，位于合肥市庐阳区逍遥津街道，拥有百年历史，是一条人文荟萃的老街。这里有历史文脉、区域特色的宣扬，细腻而富有人情味的城市空间展示了步行街的魅力，城市与美的关系变得更为融洽。

罗震 摄

上海南京路步行街位于南京路的精华路段，是上海市最著名的商业街，周末来这里购物、品尝美食、旅游的人群熙熙攘攘，络绎不绝。到了晚上，华灯初放，在霓虹灯的映衬下，各具特色的建筑更显得美轮美奂，如坠天堂，吸引了大量国内外游客。

方舟 摄

入夜后的香港九龙尖沙咀弥敦道，各式霓虹灯招牌耀眼，拥来攘往的人流穿梭如鲫。这里从不缺乏俊男靓女，也不缺乏层出不穷的广告创意，更将灯红酒绿的都市夜生活演绎到了极致。

　　"江南忆，最忆是杭州。"光影之间，人们领略到了西子湖上的春花秋月，采莲
女子的娇俏淡雅。这是千年不易的西湖，是被现代电力科技装扮一新的西湖，也是观
者脑海中久久不能忘却的印象西湖。

重庆啤酒节，是城市兴奋、狂欢的日子。重庆市民举起酒杯，一口把夏天喝尽。

张君 摄

广东省中山市板芙镇十三顷水闸的生鲜渔港市场，渔船在傍晚收市后，各条渔船点亮了灯，与太阳刚下山后的蓝调夜空融为一体，感谢国家电网有限公司不放弃任何一个角落，天涯海角都有文明之光照耀。

黄志彬 摄

灯光见证城市发展，也见证了你我的美好生活。在国家级高新区——广东省江门市江海区，惠民灯光球场充满生活气氛，其乐融融。

温雯 摄

夜晚的卫星路上，霓虹闪烁，繁华地闪着银边。两侧的车流依照灯光将大街清晰划为白色和红色两部分，构成夜间独特的风景。

谭守军 摄

　　无论在何地的夜市，往往能尝到最地道的本地风味美食，在日喀则市藏隆广场夜市也是如此。这里美食聚集，带动了大众消费，也释放出夜市文化，是城市亮丽的名片。夜市，饱含烟火风味，几乎已成为陌生城市旅行的打卡地。

毕腾飞　摄

　　左页图：拉萨夜景的美，不仅仅是布达拉宫的壮观，还有北京东路的灯火阑珊，车流涌动，不尽繁华。北京东路，是拉萨城的中轴主干道，也是城市的中心，路的两边是藏式建筑，富有藏式风情。

刘宇鹏　摄

　　夜色升起，位于拉萨河畔宝瓶山上文成公主剧场前的慈觉林藏院风情街，熙攘人潮，暮色流光，让人驻足。暮色之下，拉萨河对岸的布达拉宫映入眼帘，拉萨全景美不胜收。

刘遐 摄

近年来，成都城市建设日新月异，光彩工程将入夜的都市打造成不夜城。

成都天府广场流光四溢的城市景观，为市民奉上一道视觉盛宴。

炎炎夏季，生活精致的上海市民同各地游客一起，惬意地在黄浦江畔欣赏绚美的夜景。晚风习习，江水滔滔，广场上的人们谈笑风生，孩童追逐嬉戏，诠释着人间最简单的幸福。

"南京向南，百家湖见。"21世纪太阳城、景枫KINGMO、江宁金鹰等商业综合体、酒店，分布在双龙大道百家湖段，构成江宁新都市最繁华的商业中心。

李祖坚 摄

185

　　深圳，在1978年之前是一座平常的小渔村，经过40余年的发展，它以一种惊人的速度脱胎换骨，成为中国的世界之窗，并凭借举世瞩目的"深圳速度"让世界侧目。这是一座充斥着科技感的都市，即使是一台欢乐的晚会，也能通过声、光、影、电来传达来自"中国硅谷"的骄傲。

龚强 摄

2020年1月16日傍晚，珠海供电局为央视2020年春晚港珠澳大桥人工岛分会场保供电现场，央视正在彩排摄制春晚节目，现场灯光绚丽夺目。

周卓英 摄

　　海河天街位于四川省西昌市，它以其独具魅力的水乡风貌和不可复制的临水商街，已成为西昌市继邛海、泸山、湿地公园之后又一张旅游新名片。

钟玉成 摄

璀璨的武汉长江夜景中，一对新人在灯光秀下拍摄甜蜜的婚纱照。

于琳 摄

夜晚的无锡南长街灯光璀璨，人群熙熙攘攘，有嬉笑声、有叫卖声，而在小桥边有一座名叫"转角遇到爱"的茶馆，游客三三两两品着茶，窗口的小熊凝视着对岸沉思。

吴波 摄

　　2018年，"第四届深圳欢乐灯会"在广东深圳欢乐海岸举办。凤舞九天、红火之春、我们的节日、欢乐动物世界、"一带一路"、如画三国等60余组大型彩灯，营造出炫丽的彩灯花海。

曹建英 摄

都江堰，始建于秦昭王末年，两千多年来一直发挥着防洪灌溉的作用，使成都平原成为水旱从人、沃野千里的天府之国。他是全世界迄今为止年代最久、唯一留存、仍在一直使用且以无坝引水为特征的宏大水利工程。如今，人们千里迢迢为他而来，无分日夜感受中国古代劳动人民的勤劳、勇敢、智慧的结晶。

宁艺飞 摄

番禺，广东省广州市辖区，地处粤港澳大湾区中心位置，是岭南文化的重要发源地和"海上丝绸之路"起点之一。年关将近，番禺区的大小街道装饰一新，火红的"福"字、亮彩的灯球，让人们在一呼一吸间尽享年味儿。

邱伟韬 摄

每年春节临近，热闹的年货市场总会有那么几个蓝色的身影来回穿
梭，默默地检查着用电设备，默默地守护这一方祥和。

许湘粤 摄

　　上海枫泾镇上的酒家打烊之后，一家人其乐融融坐在自家的店中小酌。灯光柔和，饭菜丰
盛，一家人笑逐颜开，享受着安逸平实的休憩时光。

方忠麟 摄

　　皮影戏，又称影子戏或灯影戏，是一种以兽皮或纸板做成的人物剪影用于表演故事的民间戏剧。幕
布后面，袖珍人皮影演员利用自己独特的身体条件，努力传习皮影技艺，将皮影艺术发扬光大，而亮白
的灯光则是他们无声的见证者和最得力的"助手"。

王洋 摄

双层敞篷观光巴士是天津的特色巴士，途径津湾广场、海河金汤桥、狮子林桥、永乐桥天津之眼、天津站、鼓楼、古文化街、食品街等天津标志性夜景灯光地段。观光的游客、红色的巴士、独特的灯光带与城市基调完美结合，尽显津城之美。

薛博 摄

　　"名彰汉唐，街纳古今。功著三国，客聚五洲。"成都锦里古街，曾是西蜀历史上最古老、最具有商业气息的街道之一，早在秦汉、三国时期便闻名全国。如今的锦官故里，铜锣声声，街市繁荣，织锦、皮影、川剧琳琅满目，让人不自觉沉浸在川蜀人文当中。

　　"九天开出一成都，万户千门入画图。草树云山如锦绣，秦川得及此间无。"2009年，锦里延伸段"水岸锦里"开肆迎客。蜿蜒曲折的院落、街巷与水岸、湖泊、荷塘、石桥相呼应，花灯红烛，美景良辰，别有一番意境。

告别了白天忙碌的工作，疲惫一天的人们来到汉口循礼门夜市大快朵颐，是一天内尤为美妙的时光。小贩在摊位高声吆喝，食物的香气让人口齿生津，喷香的热干面、麻辣的牛肉粉、焦脆金黄的面窝，都是冒着烟火气的幸福。

后记

　　2021年，是中国共产党百年华诞，也是"两个一百年"的历史交汇点，更是全面建设社会主义现代化国家新征程的开端。当一个新时代来临，时间便有了不同寻常的意义。为记录这个伟大的时代，留住其中的"亮丽"瞬间，《中国夜景》出版发行。

　　《中国夜景》大型摄影画册是国内首套关于夜景的系列丛书——《中国夜景丛书》的领衔之作。它聚焦夜景之美，展示自然、建筑与光影的碰撞，人文、科技与美学的交汇；讲述城乡发展以及"夜经济"下人们的生活变化，用影像呈现一个"亮起来"的中国，具有较强的美学欣赏价值和文化记录价值。本书由国家电网公司职工书屋项目组策划并组织编撰。入选的上百幅照片，多出自国家电网公司或其他电力企业普通员工之手。他们或因作为"掌灯人"的职业需要，做一个定格光阴的有心人；或作为生于斯，长于斯的普通人，下意识地举起手中相机，记录这个时代的变迁。因为热爱这片土地，所以执着于展现这片土地的光彩。因为忠诚于电力事业，所以每一幅作品都饱含作为劳动者和建设者的自豪与光荣。

　　东方欲晓，莫道君行早。踏遍青山人未老，风景这边独好。广袤中国，日新月异；处处风景，美不胜收。而夜景是呈现"电之美"最直观的方式。此时此刻，华灯初上，我们惟愿光明防线永固，电力铁军恒强；惟愿人民生活和顺致祥，幸福美满！